MIS PRIMEROS LIBROS

# ESCUCHAME

por Barbara J. Neasi

ilustrado por Gene Sharp

Traductora: Lada Josefa Kratky

Consultante: Dr. Orlando Martinez-Miller

Preparado bajo la dirección de Robert Hillerich, Ph.D.

CHILDRENS PRESS®
CHICAGO

*Para mi madre, Florence*

C.1 1999 a.a5

**Library of Congress Cataloging-in-Publication Data**

Neasi Barbara J.
  Escúchame.

  (Mis primeros libros)
  Resumen: Cuando mamá y papá están demasiado
ocupados para hablar y escuchar, uno puede recurrir a la
abuelita, que siempre se muestra muy comprensiva.
  [1. Abuelas—Ficción. 2. Escuchar—Ficción]
I. Título. II. Serie.
PZ7.N295Li  1986      [E]      86-10665
ISBN 0-516-32072-6

Childrens Press®, Inc.

Me gusta hacer preguntas.

Me gusta escuchar cuentos.

A veces mamá no tiene
tiempo para escucharme.

A veces papá no tiene
tiempo para hablar conmigo.

Es entonces que necesito
a mi abuelita.

Cuando abuelita me lleva

de compras, me escucha.

Cuando llevo a abuelita de paseo,

la escucho.

Cuando abuelita me lleva
a las clases de baile,
me escucha.

Cuando llevo a abuelita a comer,

la escucho.

19

Cuando abuelita me ayuda
a dibujar, me escucha.

Cuando ayudo a abuelita
en el jardín,

la escucho.

A veces abuelita y yo nos
sentamos en el jardín,

hablamos y nos escuchamos,
el uno al otro.

Abuelita dice:

—Todos necesitamos que
nos escuchen.

# LISTA DE PALABRAS

| | | | |
|---|---|---|---|
| a | dice | hacer | papá |
| abuelita | el | jardín | para |
| al | en | la | paseo |
| ayuda | entonces | las | preguntas |
| ayudo | es | lleva | que |
| baile | escucha | llevo | sentamos |
| clases | escúchame | mamá | tiempo |
| comer | escuchamos | me | tiene |
| compras | escuchar(me) | mi | todos |
| conmigo | escuchen | necesitamos | uno |
| cuando | escucho | necesito | veces |
| cuentos | gusta | no | y |
| de | hablamos | nos | yo |
| dibujar | hablar | otro | |

Sobre la autora

**Barbara Neasi** es escritora y madre de dos niñas gemelas. Escribió su primer libro, *Igual que yo*, porque vio que había una gran falta de libros adecuados que describiesen cómo dos niñas gemelas pueden ser iguales y tener los mismos gustos, pero a la vez pueden ser muy diferentes en muchos otros aspectos. En *Escúchame*, el segundo libro que ha publicado con Childrens Press, la Sra. Neasi explora la relación maravillosa que tiene un niño al escuchar y compartir cosas con su abuela.

Sobre el ilustrador

**Gene Sharp** nació y fue criado en Iowa. Vive y trabaja como artista en el área de Chicago. Ha ilustrado varios libros de la serie *Mis primeros libros*.